Le tricot

Texte : Judy Ann Sadler
Illustrations : Esperança Melo
Texte français : Hélène Pilotto

Les éditions Scholastic

Aux femmes merveilleuses qui m'ont aidée à « monter » ce livre :
ma belle-sœur, Deb Sadler; ma mère, Rieka Bertens;
ma belle-mère, Barb Sadler; mon éditrice, Laurie Wark.

Données de catalogage avant publication
de la Bibliothèque nationale du Canada

Sadler, Judy Ann, 1959-
  Le tricot

(Artisanat)
Traduction de: Knitting.
Pour les jeunes de 7 à 12 ans.
ISBN 0-7791-1586-4

1. Tricot—Ouvrages pour la jeunesse. I. Melo, Esperança
II. Titre. III. Collection.

TT820.S2214 2002   j746.43'2   C2002-900495-0

Conception graphique de Karen Powers
Photos de Frank Baldassarra

Édition publiée par Les éditions Scholastic, 175 Hillmount Road,
Markham (Ontario) L6C 1Z7, avec la permission de Kids Can Press Ltd.

5 4 3 2 1   Imprimé à Hong-Kong, Chine   02 03 04 05

Table des matières

Introduction

Aimerais-tu savoir transformer de simples pelotes de laine en de magnifiques tricots que tu pourras porter ou offrir en cadeau? Apprends à tricoter! Tu fabriqueras plein de choses : un bonnet et un sac à bandoulière pour toi, des chaussons pour ton frère et un mini sac à main pour ta copine. Et pourquoi pas un joli foulard rayé pour ta grand-mère ou un épatant boa pour ta tante? Un tricot se traîne partout : tu peux tricoter avec tes amis, devant la télé ou en parlant au téléphone! Une fois que tu sais monter les mailles et les tricoter à l'endroit et à l'envers, des tas de découvertes t'attendent. Fibres attrayantes, couleurs très mode, modèles tendance, il y a toujours du nouveau dans le monde du tricot! Alors, commence par un foulard, puis amuse-toi à essayer les autres idées que ce livre propose. De fil en aiguille, tu prendras de l'assurance et tu auras un plaisir fou! Bon tricot!

MATÉRIEL

Le fil

Il existe une grande variété de fils à tricoter. Tu trouveras sûrement quelque chose à ton goût! Les fils les plus courants sont faits de laine (à partir de la toison du mouton), de coton ou de fibres synthétiques, telles que l'acrylique et le polyester. Les fils contiennent souvent un mélange de fibres. Le poids du fil (grosseur du brin) apparaît sur l'étiquette. S'il te faut une quantité précise de fil à tricoter pour réaliser un des projets de ce livre, ce sera indiqué dans la liste des fournitures nécessaires. De nouveaux fils et coloris font régulièrement leur apparition sur le marché. Tricote avec des fils acryliques fins et duveteux ou gros et moelleux, des fils lamés ou chenillés ou des fils mérinos lavables.

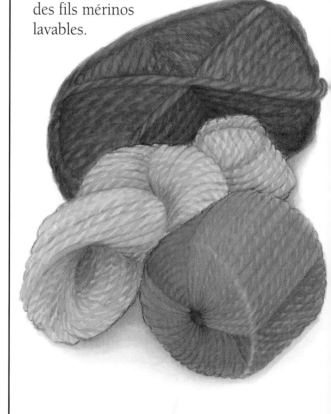

Les aiguilles à tricoter

Pour réaliser les tricots présentés dans ce livre, tu as besoin d'aiguilles à tricoter droites, à une pointe. Le gros bout situé à l'autre extrémité empêche les mailles de tomber. La grosseur de l'aiguille est indiquée par un numéro : il s'agit de son diamètre en millimètres. Il y a différentes longueurs d'aiguilles : les plus courantes sont celles de 25 et de 35 cm. Les débutants utilisent plutôt celles de 25 cm, car les autres sont plus difficiles à manier.

La jauge

La jauge est une règle percée de trous. Les trous indiquent les différentes grosseurs d'aiguilles. Utilise la jauge pour vérifier la grosseur de tes aiguilles, si celle-ci n'est pas indiquée à leur extrémité.

Les embouts protecteurs

Place ces petits bouchons de caoutchouc sur la pointe de tes aiguilles quand tu ne tricotes pas. Ils empêchent les mailles de tomber et évitent que les aiguilles percent ton sac à tricot. Si tu n'en as pas, enroule un élastique autour de la pointe de chaque aiguille.

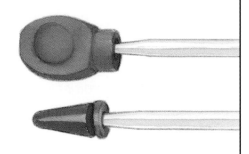

L'aiguille à laine

L'aiguille à laine a un gros chas et une pointe arrondie.

Les ciseaux

Utilise des ciseaux courts et tranchants.

L'épingle auxiliaire

Bien que très pratique, cette épingle peut être remplacée par une grosse épingle de sûreté.

À propos du fil

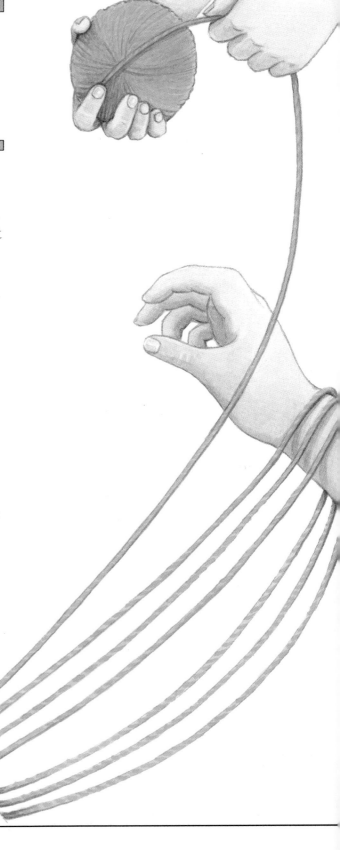

PELOTONNER LE FIL

Le fil est souvent vendu en pelote prête à utiliser. S'il se présente en écheveau, il est préférable de le pelotonner avant de s'en servir afin d'éviter les nœuds. Pour ce faire, ôte l'étiquette et détords l'écheveau. Si un brin de fil retient l'écheveau, coupe-le. Place l'écheveau sur un dossier de chaise ou sur les mains de quelqu'un. Prends l'extrémité du brin et enroule-le autour de deux doigts, environ cinq fois. Retire tes doigts et continue à enrouler le fil en formant une balle, sans serrer. Tourne-la souvent, afin qu'elle soit bien ronde. Lorsque tu as fini, rentre le bout dans la pelote de façon à le retrouver rapidement quand viendra le moment de tricoter.

COMMENCER AVEC LE BON BOUT

Avec le fil acheté en pelote, il vaut mieux le dérouler à partir du centre. Ce n'est pas grave si tu en fais sortir un peu trop, car bien vite, tu le tricoteras.

ÉVITER LES NŒUDS

Place la pelote dans un petit sac de plastique transparent. Ferme le sac au moyen d'un bout de fil ou d'un lien, en faisant sortir le fil à tricoter. Il devrait glisser aisément du sac pendant que tu tricotes.

GARDER L'ÉTIQUETTE

Prends l'habitude de conserver l'étiquette de tes pelotes, car elle regroupe plusieurs renseignements utiles : la composition du fil, les instructions de lavage et le numéro de lot correspondant à la couleur. Si tu manques de fil, essaie de te procurer une pelote provenant du même lot, de façon à ce que la couleur ne diffère pas de celle que tu as utilisée. Comme le magasin peut aussi manquer de stock, il est toujours bon d'acheter quelques pelotes supplémentaires. La plupart des magasins acceptent de reprendre les pelotes inutilisées. Tu peux aussi les ajouter à ta collection de fils. Comme ça, tu auras du fil à tricoter sous la main quand tu auras envie de tricoter.

CAHIER SOUVENIR

Fabrique-toi un cahier souvenir consacré au tricot! Tu peux y coller ou y agrafer un brin de fil, son étiquette, ainsi qu'une description ou une image de ce que tu en as fait. Imagine le plaisir que tu auras à regarder ce cahier dans quelques années!

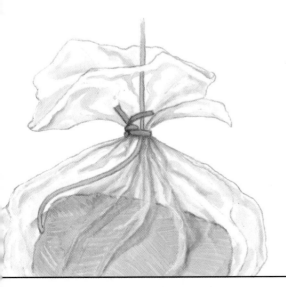

Montage des mailles

Le montage des mailles permet de former le premier rang de mailles. Consulte ces pages chaque fois que tu dois monter des mailles.

1 Fais un nœud coulant dans le fil à tricoter, tel qu'illustré.

2 Prends une aiguille à tricoter dans ta main droite et place ton index le long de l'aiguille. Enfile le nœud coulant sur l'aiguille, le brin court du fil vers toi. Tire les deux bouts pour t'assurer que le nœud coulant glisse bien sur l'aiguille.

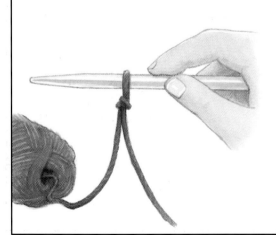

3 Insère le pouce et l'index de ta main gauche entre les deux brins qui pendent sous l'aiguille. Retiens-les avec tes trois autres doigts.

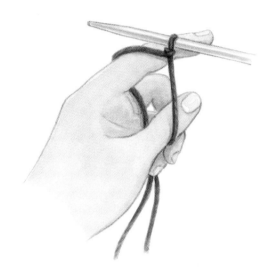

4 Écarte le pouce et l'index. Tourne ta main gauche vers le haut, de manière à voir la paume.

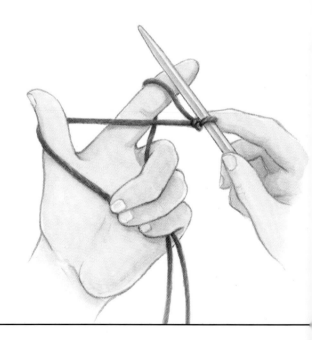

5 Garde le fil tendu pendant que tu piques la pointe de l'aiguille dans la boucle formée par ton pouce, en passant sous le fil.

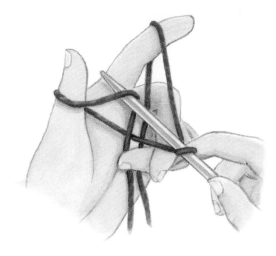

6 Tourne ta main gauche de façon à voir la paume de côté. Dirige la pointe de ton aiguille vers l'index, en passant derrière le fil pour l'attraper. Pointe ton aiguille vers le haut et tourne ta paume à nouveau vers toi.

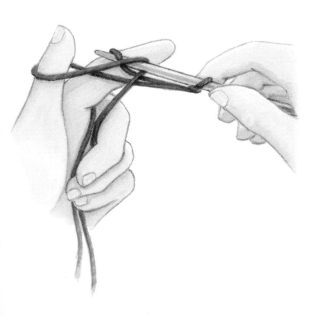

7 Dirige maintenant la pointe de l'aiguille vers le bas de la boucle du pouce et fais-la ressortir sous le brin qui est le plus près de toi. Pointe ton aiguille vers le haut.

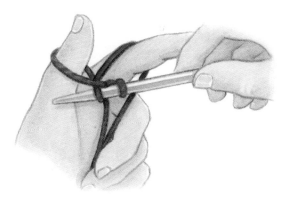

8 Laisse glisser la boucle de ton pouce. Tire doucement le fil vers le bas et relève ton aiguille vers le haut pour placer la nouvelle maille sur l'aiguille. Elle devrait être plus près de la pointe de l'aiguille que le nœud coulant.

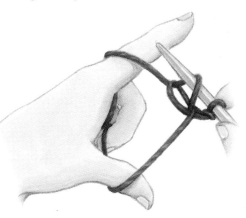

9 Répète à partir de l'étape 4 jusqu'à ce que tu aies le nombre de mailles désiré.

Maille endroit

Maintenant que tu as monté tes mailles (voir page 8), tu peux commencer à tricoter la maille endroit.

1 De ta main gauche, prends l'aiguille avec les mailles.

2 De ta main droite, prends l'autre aiguille. Pique la pointe dans la première maille et glisse-la derrière l'aiguille gauche, de façon à former un **X**.

3 Avec ta main droite, fais passer le fil de travail (celui venant de la pelote) derrière la pointe de l'aiguille droite, puis ramène le fil autour d'elle dans le sens inverse des aiguilles d'une montre. Le fil devrait passer entre les aiguilles.

4 Tire l'aiguille vers toi, en entraînant le fil à travers la maille de l'aiguille gauche. L'aiguille droite devrait être devant la gauche, et un brin devrait passer sur elle.

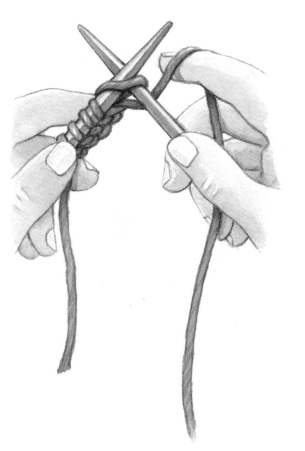

5 Pousse la maille vers la pointe de l'aiguille gauche. Fais-la glisser sur l'aiguille droite. Tu viens de tricoter une maille endroit. Termine ton premier rang en répétant les étapes de 1 à 5. Puis, change tes aiguilles de main : celle avec des mailles dans la main gauche, et l'autre dans la main droite. Commence ton deuxième rang.

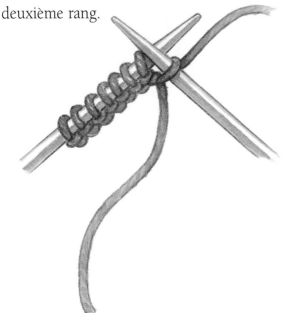

QUELQUES CONSEILS

• La première maille est la plus difficile à faire, parce qu'elle peut s'agrandir et devenir lâche. Elle sera petite si tu maintiens une bonne tension sur le fil de travail.

• Ne te décourage pas si les premiers rangs ne sont pas parfaits. Choisis un modèle de tricot; tu ne tarderas pas à améliorer ta technique.

• Termine toujours ton rang avant de déposer ton tricot. Comme ça, tu sauras toujours où tu en étais.

• Si tu connais une personne qui tricote souvent, observe-la. Certaines personnes coincent une des aiguilles sous leur bras. D'autres placent leur main droite de façon à enrouler le fil autour de l'aiguille avec leur index. D'autres, enfin, tricotent si vite qu'on ne voit rien du tout!

POUR LES GAUCHÈRES

Comme le tricot occupe tes deux mains, tu arriveras peut-être à tricoter de cette façon, même si tu es gauchère. Cependant, si tu préfères, inverse les instructions en changeant « droite » pour « gauche » et « gauche » pour « droite ».

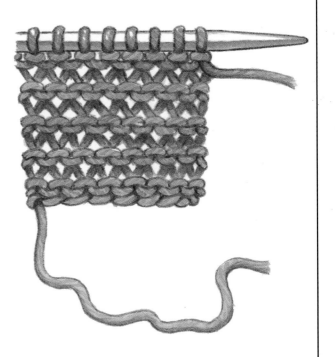

Maille envers

Dès que tu te sens à l'aise avec la maille endroit (voir page 10), essaie la maille envers. Tu verras, c'est facile! Avec une paire d'aiguilles, monte d'abord tes mailles (voir page 8).

1 De ta main gauche, prends l'aiguille avec des mailles, et l'autre aiguille de ta main droite.

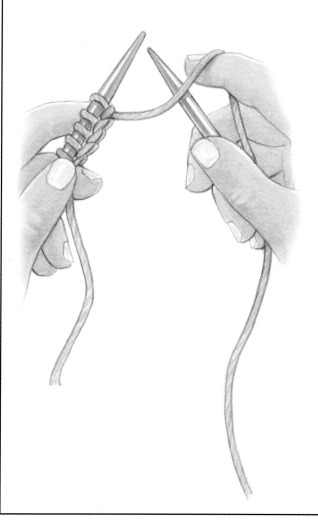

2 Place le fil de travail devant l'aiguille gauche. Pique la pointe de l'aiguille droite dans la première maille, de façon à ce qu'elle se retrouve devant l'aiguille gauche.

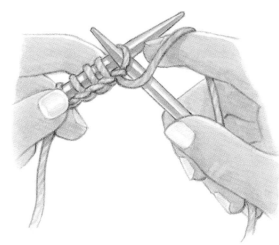

3 Avec ta main droite, fais passer le fil de travail autour de la pointe de l'aiguille droite, en passant devant, puis derrière, dans le sens inverse des aiguilles d'une montre.

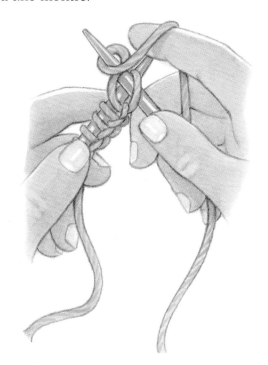

4 Tiens l'aiguille droite et le fil de travail dans ta main droite. N'échappe pas le fil pendant que tu pousses la pointe de l'aiguille droite, à travers la maille, sous l'aiguille gauche. L'aiguille droite devrait se trouver derrière la gauche avec un brin entouré sur l'aiguille.

5 Relève l'aiguille droite pour permettre à la maille de glisser de l'aiguille gauche à l'aiguille droite. Tu viens de tricoter une maille envers.

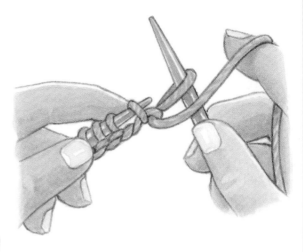

6 Termine ton premier rang en répétant les étapes de 1 à 5. Puis, change tes aiguilles de main et commence ton deuxième rang.

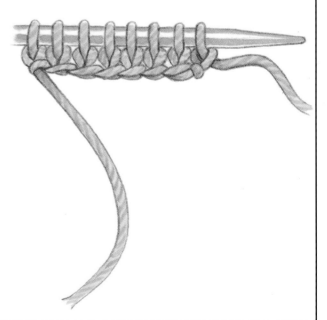

Augmentations

Pour certains tricots, tu devras augmenter le nombre de mailles que tu tricotes, afin de donner une forme particulière à ton ouvrage. Les indications te diront à quel moment le faire.

1 Pique l'aiguille droite dans une maille de l'aiguille gauche, comme pour effectuer une maille endroit.

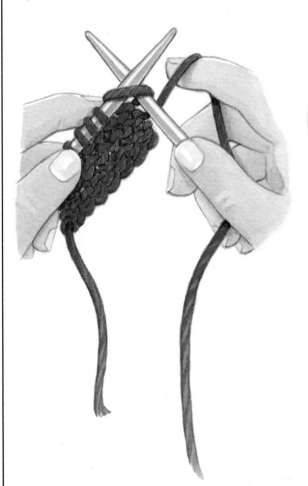

2 Tricote la maille à l'endroit, mais avant de la faire glisser sur l'aiguille droite, repique ton aiguille à l'arrière de la maille que tu viens tout juste de tricoter.

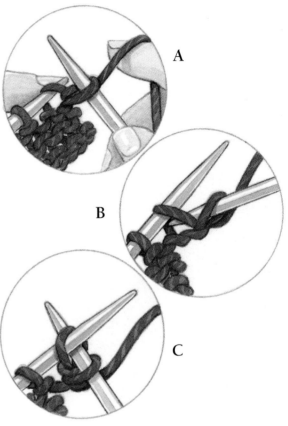

A

B

C

3 Tricote la nouvelle maille à l'endroit, et fais-la glisser sur l'aiguille droite. Il y a une maille de plus sur cette aiguille. Tu as fait deux mailles à partir d'une seule.

Diminutions

Tu devras parfois diminuer le nombre de mailles que tu tricotes, afin de donner une forme particulière à ton ouvrage.

1 Pique l'aiguille droite dans deux mailles de l'aiguille gauche, au lieu d'une seule.

2 Tricote les mailles ensemble, comme s'il n'y en avait qu'une. (Ce sera un peu serré.) Ton ouvrage compte maintenant une maille de moins.

Terminaison

La terminaison est aussi appelée l'arrêt des mailles. C'est la façon d'arrêter le tricot en rabattant les mailles de l'aiguille sans qu'elles ne se détricotent.

1 Tricote les deux premières mailles comme à l'habitude (page 10).

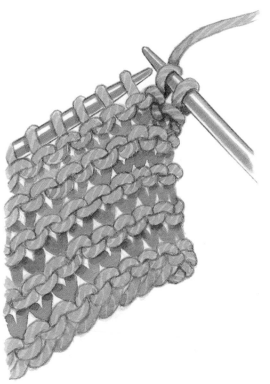

2 À l'aide de l'aiguille gauche (ou de tes doigts), soulève la première maille (la plus éloignée de la pointe de l'aiguille droite) et passe-la par-dessus la deuxième. Laisse-la tomber de l'aiguille droite.

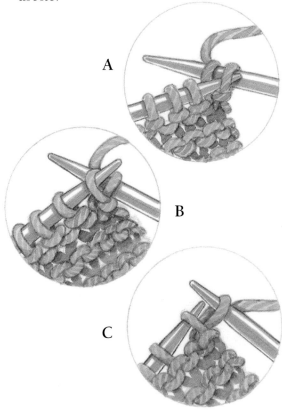

A

B

C

3 Tricote la maille suivante. De nouveau, soulève la première maille par-dessus la deuxième et laisse-la tomber de l'aiguille. Continue ainsi jusqu'à ce qu'il ne reste aucune maille sur l'aiguille gauche et une seule sur l'aiguille droite.

4 Coupe le fil en laissant un bout de 20 cm. Tire doucement sur la dernière maille, afin de l'élargir. Enlève l'aiguille. Fais passer le brin dans la maille et tire-le bien.

6 Si ton tricot se termine par des côtes, tu dois respecter la même succession de mailles endroit et envers en faisant l'arrêt des mailles.

5 Avec l'aiguille à laine, rentre le bout du fil dans la lisière de ton tricot et coupe ce qui dépasse.

Foulard à pompons

On obtient le point mousse en tricotant chaque rang à l'endroit. En utilisant un gros fil soyeux et des aiguilles assez grosses, tu auras un superbe foulard dans le temps de le dire!

IL TE FAUT :

- une pelote de 100 g de gros fil, épais et soyeux
- une paire d'aiguilles à tricoter, nos 9 à 12, au choix
- du fil pour les pompons
- une règle ou un ruban à mesurer, des ciseaux, une aiguille à laine

1 Fais un nœud coulant à 115 cm de l'extrémité du fil. Monte 20 mailles (voir page 8) assez lâches. (Si ton fil est très gros, 16 mailles suffiront.)

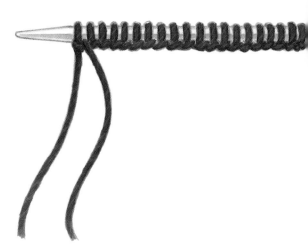

2 Avant de tricoter la première maille endroit (voir page 10), assure-toi que tu utilises le brin venant de la pelote, et non celui qui servira à retenir les pompons.

3 En tricotant la deuxième maille endroit, tire sur le fil de travail afin de bien serrer la première maille sur l'aiguille de droite. Tricote le reste des mailles à l'endroit.

4 De ta main gauche, prends maintenant l'aiguille avec des mailles, et tricote le deuxième rang en mailles endroit.

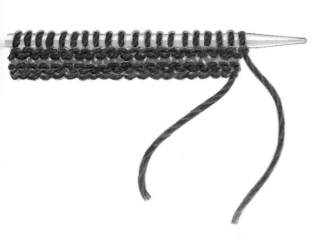

5 Continue à tricoter au point endroit jusqu'à ce que ton foulard ait environ 1 m de long, ou plus, si tu le désires. Rabats les mailles (voir page 16).

6 À l'aide de l'aiguille à laine, rentre les deux extrémités de fil dans la lisière.

7 Fabrique 4 pompons en suivant les instructions de la page 38. Tu peux les faire tous de la même couleur ou chacun d'une couleur différente. Sers-toi du long fil réservé au début du tricot pour attacher un pompon à chaque coin du foulard, et coupe ce qui dépasse.

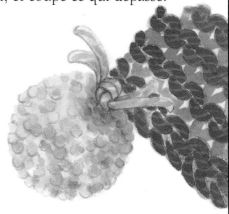

AUTRES SUGGESTIONS

Orne ton foulard d'une frange (voir page 25, étapes 6 et 7) ou d'un gland à chaque coin (voir page 39).

Bandeau à motif

En utilisant une combinaison de mailles endroit et de mailles envers, tu obtiendras un bandeau au motif original.

1 Fais un nœud coulant à 50 cm de l'extrémité du fil. Monte 12 mailles (page 8).

2 Copie le patron suivant sur une feuille de papier :

1er rang : endroit **5e rang** : endroit
2e rang : envers **6e rang** : endroit
3e rang : endroit **7e rang** : endroit
4e rang : envers **8e rang** : endroit

3 Tricote le 1er rang à l'endroit (voir page 10) et coche-le sur ta feuille. Tricote le 2e rang à l'envers et coche-le. Continue ainsi jusqu'au 8e rang. Recommence ensuite au 1er rang. Tu peux utiliser un crayon de couleur différente chaque fois que tu complètes le patron.

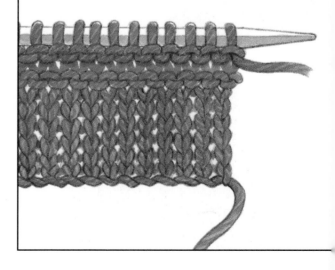

4 Continue à tricoter jusqu'à ce que ton bandeau ait environ 40 cm de long. Essaie-le en joignant les deux extrémités. Fais-le plus long, si nécessaire.

6 Enfile l'aiguille à laine avec ce long fil. Couds les deux extrémités du bandeau ensemble, pour former un cercle. Renforce ta couture en faisant quelques points supplémentaires. Rentre le bout du fil dans le tricot et coupe ce qui dépasse. Fais la même chose avec le brin du début du tricot.

AUTRES SUGGESTIONS

5 Rabats les mailles (voir page 16). Garde un bout de fil de 60 cm de long.

• Fabrique un bandeau réversible. Pour ce faire, tricote un deuxième bandeau de couleur différente. (Tu peux le tricoter tout à l'endroit, si tu veux.) Mets les deux bandeaux l'un dans l'autre, et couds chacun des deux bords ensemble.

• Fabrique un serre-tête en montant 4 mailles et en tricotant à l'endroit sur 40 cm.

Bonnet roulé

Ce bonnet est tricoté au point de jersey, ce qui veut dire que tu dois tricoter un rang en mailles endroit et le rang suivant en mailles envers. À cause du grand nombre de mailles nécessaires, il est préférable d'utiliser des aiguilles de 35 cm de long.

IL TE FAUT :

- 2 pelotes de gros fil, de couleurs différentes
- une paire d'aiguilles à tricoter n° 5
- une règle ou un ruban à mesurer, des ciseaux, une aiguille à laine

1 Choisis la couleur que tu veux utiliser pour le bord roulé. Fais un nœud coulant à 2,5 m de l'extrémité du fil. Monte 70 mailles.

2 Attache un bout de fil ou de ruban gommé à l'extrémité de l'aiguille sans mailles. Ceci t'aidera à reconnaître les rangs que tu dois tricoter à l'envers. Rappelle-toi : chaque fois que les mailles sont sur l'aiguille marquée, tu dois les tricoter à l'envers.

3 Tricote le premier rang à l'endroit. Les mailles sont maintenant sur l'aiguille marquée.

4 Tricote le deuxième rang à l'envers. Continue ainsi, un rang à l'endroit, un rang à l'envers, sur une longueur d'environ 5 cm. Le bord de ton tricot devrait commencer à rouler.

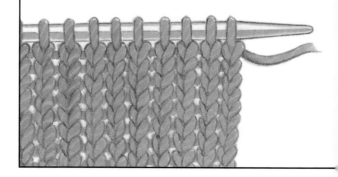

5 Avant de changer de couleur, assure-toi que tu viens de terminer un rang à l'envers et que les mailles sont sur l'aiguille non marquée. Coupe le fil de travail en laissant un bout de 15 cm. Noue le fil de l'autre couleur au premier, le plus près possible du bord du tricot.

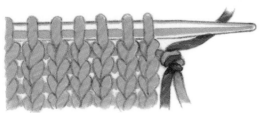

6 Commence à tricoter à l'endroit avec la nouvelle couleur. Essaie de garder le nœud sur la lisière de ton tricot, afin qu'il ne se mêle pas aux premières mailles du rang.

7 Continue à tricoter en jersey jusqu'à ce que tu aies environ 18 cm de la deuxième couleur. Rabats les mailles. Garde un brin de 60 cm de long.

8 Enfile l'aiguille à laine avec le long fil réservé au début du tricot. Plie ton tricot en deux, endroit contre endroit. Couds les deux bords ensemble, tel qu'illustré.

9 Enfile de nouveau l'aiguille à laine. Fais un nœud à l'extrémité de ton fil. Place ton bonnet de façon à ce que la couture que tu viens de faire soit bien au centre de l'arrière du bonnet. Déroule le bord et couds les deux épaisseurs ensemble. Retourne le bonnet à l'endroit.

10 Si ça te tente, fabrique deux pompons (voir page 38) ou deux glands (voir page 39). Couds-en un à chaque coin.

Foulard côtelé

En alternant les mailles endroit et les mailles envers sur un même rang, on obtient des côtes. Ce foulard côtelé a tout pour plaire : de larges bandes de couleur, des côtes accentuées et une frange épaisse. Tu auras autant de plaisir à le tricoter qu'à le porter!

IL TE FAUT :

- 3 ou 4 pelotes de gros fil ou de laine peignée, de couleurs différentes
- une paire d'aiguilles à tricoter nᵒ 5
- un carré de carton de 10 cm sur 10 cm
- une règle ou un ruban à mesurer, des ciseaux, une aiguille à laine

1 Choisis ta couleur de départ. Fais un nœud coulant à 1,5 m de l'extrémité du fil. Monte 45 mailles sur l'aiguille non marquée (voir page 22, étape 2).

2 Tricote les trois premières mailles à l'endroit. Amène le fil à l'avant et tricote les trois mailles suivantes à l'envers. Ramène le fil à l'arrière et tricote les trois mailles suivantes à l'endroit, et ainsi de suite. Tu devrais finir avec trois mailles endroit. Toutes les mailles sont maintenant sur l'aiguille marquée.

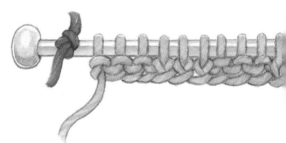

3 Commence le deuxième rang en tricotant les trois premières mailles à l'envers. Continue ainsi, trois mailles endroit, puis trois mailles envers, jusqu'à la fin du rang. Tu verras bientôt les côtes se former. Souviens-toi que, lorsque les mailles sont sur l'aiguille marquée, tu dois débuter et finir ton rang par trois mailles envers.

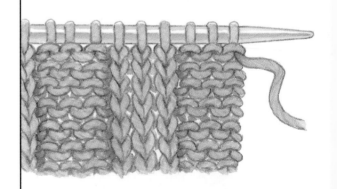

4 Quand tu as environ 6 cm de tricot et que les mailles sont sur l'aiguille non marquée, change de couleur de fil (voir page 23, étapes 5 et 6).

5 Continue à tricoter selon le même patron de côtes. Change de couleur selon ton inspiration, jusqu'à ce que ton foulard ait environ 1 m de long, ou plus, si tu le désires. Rabats les mailles en respectant les côtes. Coupe le fil. Rentre les brins qui dépassent à l'aide de l'aiguille à laine.

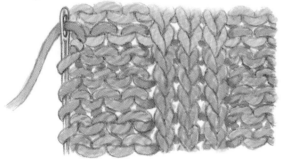

6 Choisis la couleur que tu veux utiliser pour les franges. Enroule le fil 60 fois autour du carton. Coupe le fil relié à la pelote. Coupe les fils sur seulement l'un des bords du carton. Recommence l'opération pour avoir 60 autres brins.

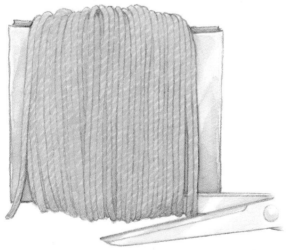

7 Fais un groupe de 4 brins et plie-le en deux. Étire la boucle d'une maille située à l'un des bouts de ton foulard. Glisses-y la partie pliée des brins. Fais passer les brins libres à travers la boucle (partie pliée) et tire bien. Pose des franges à chaque extrémité de ton foulard.

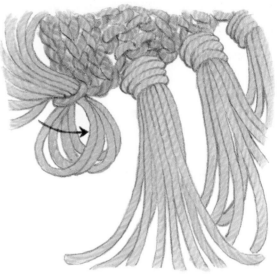

AUTRES SUGGESTIONS

Utilise plusieurs couleurs de fil pour faire les franges ou fais une frange à pompons (voir page 38).

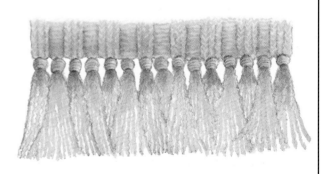

Chaussons

Tu peux décorer le dessous de tes chaussons avec de la peinture à tissu en relief, de manière à les rendre antidérapants. Pour faire des chaussons plus épais, utilise un gros fil solide et des aiguilles nos 5,75 à 8, au choix.

IL TE FAUT :

- 2 pelotes de 50 g de gros fil, de couleurs différentes
- une paire d'aiguilles à tricoter no 4,5
- une règle ou un ruban à mesurer, des ciseaux, une aiguille à laine

1 Choisis ta couleur de départ. Fais un nœud coulant à 120 cm de l'extrémité du fil. Monte 42 mailles sur l'aiguille non marquée (voir page 22, étape 2).

2 Tricote les deux premières mailles à l'endroit. Amène le fil à l'avant et tricote les deux mailles suivantes à l'envers. Continue ainsi, deux mailles endroit, puis deux mailles envers. Tu devrais finir avec deux mailles endroit. Toutes les mailles sont maintenant sur l'aiguille marquée.

3 Pour le deuxième rang, tricote les deux premières mailles à l'envers, puis les deux suivantes à l'endroit, et ainsi de suite jusqu'à la fin du rang.

4 Répète les étapes 2 et 3 deux fois. Tu devrais avoir 6 rangs, et toutes les mailles devraient être sur l'aiguille non marquée.

5 Change de couleur, mais ne coupe pas le fil de la première couleur. Noue simplement le fil de l'autre couleur au premier, le plus près possible du bord du tricot.

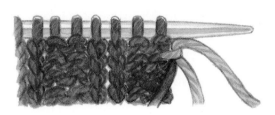

6 Tricote deux rangs en côtes avec la nouvelle couleur. Tu devrais te trouver là où tu as noué la deuxième couleur à la première. Chaque fois que tu te trouves à ce point, tords les deux brins de couleur ensemble, mais continue à tricoter avec la deuxième couleur.

7 Après 6 rangs, reprends la première couleur. Cette fois, tu n'as pas à la nouer. Tricote ainsi, en alternant les couleurs, jusqu'à ce que tu aies environ 16 bandes de couleur, ou plus, si tu veux des chaussons plus longs.

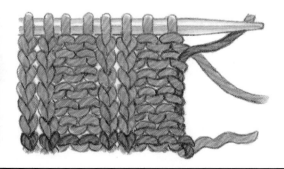

8 Quand tu as fini, ne rabats pas les mailles. Coupe un des deux fils en laissant un petit bout. Coupe l'autre en laissant un bout de 120 cm. Noue les deux fils ensemble.

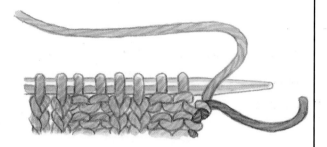

9 Enfile l'aiguille à laine avec le long bout de fil. Utilise-le pour recueillir toutes les mailles que tu ôtes de l'aiguille. Tire fermement pour les rassembler en un tout petit cercle qui formera le bout du chausson. Fais quelques points au même endroit pour retenir le tout, puis couds les deux longs bords ensemble jusqu'en haut. Noue le fil utilisé pour la couture au brin qui dépasse. Coupe les deux extrémités et rentre-les à l'aiguille dans le tricot. Retourne le chausson à l'endroit. Fais un autre chausson.

Couverture à carreaux

Cette couverture est faite de plusieurs carrés de couleurs différentes cousus ensemble. Fabrique un coussin assorti pour faire encore plus joli!

1 Fais un nœud coulant à 70 cm de l'extrémité du fil de la couleur de ton choix. Monte 20 mailles.

2 Tricote chaque maille de chaque rang à l'endroit, pendant environ 40 rangs, ou jusqu'à ce que tu aies un carré. Pour savoir si ton tricot est bien carré, plie-le en diagonale. Si cela forme un triangle, c'est parfait. Rabats les mailles et rentre les bouts de fil avec l'aiguille.

3 Tricote au moins 20 carrés de couleurs différentes. Place-les sur le plancher et arrange-les à ton goût. Tu peux regrouper les couleurs semblables, laisser le hasard déterminer le motif, ou encore alterner le sens du tricot, de façon à ce que les lignes d'un carré soient dans le sens opposé des lignes des deux carrés qui l'entourent.

4 Si tu veux qu'on voie bien les coutures, utilise un fil contrastant et couds à larges points. Sinon, choisis l'une des couleurs de la couverture comme fil, et couds à petits points. Commence par coudre deux carrés ensemble, puis ajoutes-en d'autres pour terminer la bande.

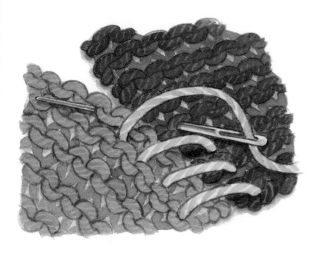

5 Couds les autres carrés en bandes, puis couds les bandes ensemble. Assure-toi que les coins arrivent bien vis-à-vis.

COUSSIN

Pour réaliser ce coussin, tu as besoin du matériel énuméré à la page 28, plus de la bourrure de polyester ou un coussin préformé.

1 Monte environ 30 mailles et tricote-les à l'endroit jusqu'à ce que tu obtiennes un carré (voir page 28, étape 2). Tricotes-en un deuxième, mais d'une couleur différente.

2 Couds les deux carrés ensemble sur presque tout leur contour.

3 Remplis l'ouverture de bourrure de polyester ou du coussin préformé. Couds ensuite l'ouverture.

4 Fabrique quatre pompons (voir page 38) ou quatre glands (voir page 39), et couds-en un à chaque coin de ton coussin. Tu peux aussi poser une frange tout autour (voir page 25, étapes 6 et 7).

Sac à bandoulière

On tricote ce sac avec des aiguilles fines, de manière à obtenir de petites mailles bien serrées. Ce tricot demande plus de temps que la plupart des autres projets proposés dans ce livre, mais le résultat en vaut la peine. Ton sac sera souple et solide.

IL TE FAUT :

- environ 200 g de gros fil de coton d'Aran
- une paire d'aiguilles à tricoter n° 3,25
- un bouton
- du fil et des aiguilles
- une règle ou un ruban à mesurer, des ciseaux, une aiguille à laine

1 Fais un nœud coulant à 1,5 m de l'extrémité du fil. Monte 65 mailles.

2 Tricote au point mousse (chaque maille de chaque rang à l'endroit), sur une longueur d'environ 45 cm. Rabats les mailles.

3 Plie ton tricot en deux, et couds les deux épaisseurs de chaque côté ensemble. Retourne le sac à l'endroit.

4 Pour faire la bandoulière, monte 12 mailles. Tu peux utiliser des aiguilles nos 4,5. Tricote toujours à l'endroit jusqu'à ce que la bande ait environ 90 cm de long, ou la longueur que tu désires. Couds-la à l'intérieur du sac, le long des bords supérieurs, vis-à-vis des coutures des côtés.

5 Crochète une chaînette, de tes doigts, pour fermer ton sac (voir ci-dessous). Couds-la sur la bordure supérieure de l'une des faces du sac, au centre. Couds le bouton sur l'autre face.

CHAÎNETTE

Parfaite pour les fermetures et les bandoulières, cette chaînette peut servir d'attache à cheveux, de serre-tête, de lacet ou de guirlande décorative.

1 Fais un nœud coulant à environ 15 cm de l'extrémité du fil.

2 En partant de l'arrière, tire le fil de travail à travers la boucle du nœud coulant de façon à former une nouvelle boucle. Serre bien.

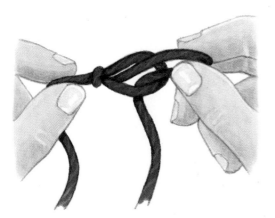

3 Répète l'opération en créant une nouvelle boucle à partir de la boucle existante. Les mailles doivent être assez lâches.

4 Lorsque tu as la longueur désirée, coupe le fil. Fais passer l'extrémité du fil dans la dernière boucle et tire bien.

Mini sac à main

Voici le sac parfait pour trimbaler tes sous,
ton baume à lèvres et tes clés.
Et, le chic du chic : il se tricote super vite!

IL TE FAUT :

- une petite pelote de gros fil peigné
- une paire d'aiguilles à tricoter nº 4,5
- un bouton
- du fil et des aiguilles
- une règle ou un ruban à mesurer, des ciseaux, une aiguille à laine

1 Fais un nœud coulant à environ 75 cm de l'extrémité. Monte 18 mailles sur l'aiguille non marquée (voir page 22, étape 2).

2 Ne coupe pas le long bout qui dépasse. Tricote au point mousse (toujours à l'endroit), sur une longueur d'environ 20 cm. Toutes les mailles devraient être sur l'aiguille non marquée.

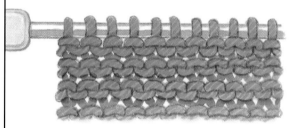

3 Pour faire le rabat du sac, tu dois réduire le nombre de mailles de ton tricot. Tricote ensemble les deux premières mailles et les deux dernières mailles de ce rang.

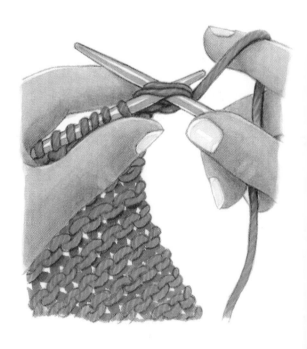

4 Tricote à l'endroit toutes les mailles du rang suivant. Puis, tricote ensemble les deux premières mailles et les deux dernières de ce rang. Continue ainsi, en diminuant de 2 mailles quand les mailles sont sur l'aiguille non marquée, jusqu'à ce qu'il ne reste que deux mailles.

5 Tricote à l'endroit ces deux mailles, sur une longueur de 4 cm, pour former la boutonnière qui fermera ton sac.

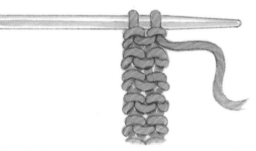

6 Rabats les deux mailles et coupe le fil, en laissant un bout de 20 cm. Enfile-le dans l'aiguille à laine. À l'aide de quelques points, fixe l'extrémité de ton tricot de façon à former une boucle.

7 Couds les côtés de ton sac à l'aide du long bout de fil de l'étape 1. Rentre le fil avec l'aiguille. Retourne ton sac à l'endroit.

8 Couds le bouton en place.

9 Crochète une chaînette qui servira de bandoulière pour ton sac (voir page 31). Couds une extrémité de la chaînette de chaque côté du sac.

AUTRES SUGGESTIONS

• Tricote le rabat d'une couleur différente du reste du sac ou tricote un sac à rayures.

• Tricote le sac au point de jersey (un rang à l'endroit, un rang à l'envers).

• Ne tricote pas de rabat à ton sac. Ferme-le en y cousant un bout de Velcro.

Mitaines rayées

Avec ce patron, tu réaliseras une paire de mitaines d'enfant de taille moyenne. Pour des mitaines d'enfant de grande taille, suis les indications contenues entre les crochets.

IL TE FAUT :

- 2 pelotes de gros fil peigné de couleurs différentes
- 2 paires d'aiguilles à tricoter nᵒˢ 3,25 et 4,5
- 2 épingles auxiliaires ou 2 grosses épingles de sûreté
- une règle ou un ruban à mesurer, des ciseaux, une aiguille à laine

1 Choisis ta couleur de départ. Fais un nœud coulant à environ 1 m de l'extrémité du fil. Monte 40 [**44**] mailles sur l'aiguille nᵒ 3,25 non marquée (voir page 22, étape 2).

2 Tricote une maille à l'endroit suivie d'une maille à l'envers d'un bout à l'autre du rang. Continue au rang suivant, mais en commençant par une maille endroit et en terminant par une maille envers. N'oublie pas qu'en tricotant des côtes 1/1, on doit, entre chaque maille, mettre le fil de travail devant ou derrière le tricot, selon la maille à tricoter.

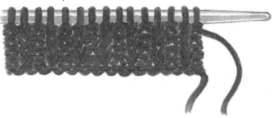

3 Quand tu as tricoté 4 rangs de côtes 1/1 et que les mailles sont sur l'aiguille non marquée, change de couleur de fil. Tricote 4 rangs en côtes 1/1 avec la nouvelle couleur, de façon à former une rayure, puis reprends la première couleur.

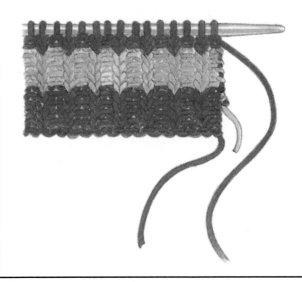

4 Quand tu as tricoté 4 rangs de côtes 1/1 avec la première couleur, tricote 4 autres rangs en côtes 1/1 avec la deuxième couleur, puis reprends la première couleur pour 4 autres rangs. Toutes les mailles devraient être sur l'aiguille non marquée.

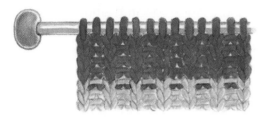

5 Utilise l'aiguille n⁰ 4,5 marquée pour tricoter le rang suivant à l'endroit. Utilise l'aiguille n⁰ 4,5 non marquée pour tricoter l'autre rang à l'envers. Tricote à nouveau un rang à l'endroit et un à l'envers.

6 Continue en tricotant 18 [**20**] mailles à l'endroit, puis ajoute une maille (voir page 14) dans la 19e [**21e**] maille. Tricote 2 autres mailles à l'endroit. Ajoute une autre maille à partir de la maille suivante, puis continue à l'endroit jusqu'à la fin du rang. Tu devrais avoir 42 [**46**] mailles sur l'aiguille marquée.

7 Tricote le rang suivant à l'envers, celui qui suit à l'endroit, puis l'autre à l'envers.

8 Continue en tricotant 18 [**20**] mailles à l'endroit, puis ajoute une maille dans la maille suivante. Tricote 4 autres mailles à l'endroit. Ajoute une autre maille à partir de la maille suivante, puis continue à l'endroit jusqu'à la fin du rang. Tu devrais avoir 44 [**48**] mailles sur l'aiguille marquée.

9 Tricote le rang suivant à l'envers. Change de couleur et tricote les 4 rangs suivants en jersey endroit (un rang à l'endroit, un rang à l'envers). Tricote 2 autres rangs en jersey endroit avec ta couleur de départ. Coupe le fil en laissant un bout de 15 cm.

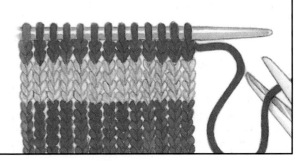

Suite à la page suivante ☞

10 Fais glisser les 16 [**18**] premières mailles de l'aiguille non marquée sur l'épingle auxiliaire. Noue le fil de la première couleur (la même que tu viens de couper) avec un brin situé entre la 16ᵉ [**18ᵉ**] et la 17ᵉ [**19ᵉ**] maille. Tricote à l'endroit les 12 [**12**] mailles suivantes. Fais glisser les 16 [**18**] mailles suivantes sur l'épingle auxiliaire. Tricote les 12 mailles restantes à l'envers.

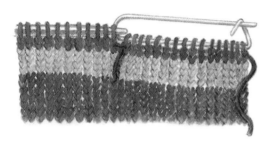

11 Tricote 10 [**12**] rangs en jersey endroit. Tu peux inclure une rayure sur la partie du pouce, si tu le désires. Toutes les mailles devraient être sur l'aiguille non marquée.

12 Tricote les mailles deux par deux, à l'endroit, de façon à ce qu'il ne reste que 6 mailles sur l'aiguille. Tricote le rang suivant à l'envers. Coupe le fil en laissant un long bout. Enfile le long bout dans l'aiguille à laine. Utilise ce fil pour recueillir les 6 mailles de l'aiguille. Tire sur le brin pour bien fermer le bout du pouce. Retourne-le à l'envers. Fais quelques points au même endroit pour le garder fermé. Retire l'aiguille, mais ne coupe pas le fil.

13 Place ton tricot avec l'endroit vers toi. Transfère les mailles de l'épingle auxiliaire sur l'aiguille non marquée, en commençant par la gauche. Noue ton fil de travail à la maille de la lisière de droite. Tricote tout le rang à l'endroit en passant par-dessus la partie du pouce comme s'il n'y avait pas de trou dans le rang. Tricote le rang suivant à l'envers et continue en jersey endroit jusqu'à ce que ta mitaine ait environ 19 [**22**] cm de long. Inclus une rayure ou deux dans cette partie.

14 Pour les diminutions, tricote à l'endroit les 2 premières mailles ensemble, tricote les 3 suivantes, puis encore 2 mailles ensemble, puis les 3 suivantes, et ainsi de suite jusqu'à la fin du rang qui se termine par 2 mailles ensemble [4 mailles endroit]. Pour le rang suivant, tricote à l'envers les 25 [**29**] mailles restantes.

15 Tricote (toujours à l'endroit) les 2 premières mailles ensemble, puis les 3 suivantes, puis encore 2 mailles ensemble, puis les 3 suivantes, et ainsi de suite jusqu'à la fin du rang qui se termine par 3 [**2**] mailles endroit. Pour le rang suivant, tricote à l'envers les 20 [**23**] mailles restantes.

16 Tricote les mailles deux par deux, à l'endroit, de façon à ce qu'il ne reste que 10 [**12**] mailles sur l'aiguille. Tricote le rang suivant à l'envers.

17 Coupe le fil en laissant un bout d'environ 1 m de long. Enfile l'aiguille à laine avec le long bout. Utilise ce fil pour recueillir les 10 mailles de l'aiguille.

18 Retourne la mitaine à l'envers et couds ensemble les deux épaisseurs le long du côté. Prends bien soin d'aligner les rayures en cousant. Fais quelques points au même endroit pour terminer, fais un nœud avec le fil et coupe-le. Utilise le fil laissé en attente pour fermer le pouce. Assure-toi qu'il n'y a pas de trou à sa base.

19 Noue, rentre à l'aiguille, et coupe tous les bouts qui dépassent à l'intérieur de la mitaine. Retourne la mitaine à l'endroit et essaie-la. Tu peux replier le poignet, si tu veux. Maintenant, attaque-toi à l'autre mitaine!

Pompons

Sers-toi de pompons ou de glands pour ajouter une touche de fantaisie à tes tricots. Pour faire un pompon multicolore, utilise plusieurs couleurs de fil ou un fil versicolore.

1 Coupe un brin d'une longueur d'environ 75 cm. Coupe-le en deux et laisse-le de côté.

2 Écarte l'index et le majeur, puis enroule le fil autour d'eux. (Pour un plus gros pompon, utilise quatre doigts.) Selon ta main et la grosseur du fil, tu devras faire de 50 à 100 tours. Ne serre pas trop, afin de ne pas te faire mal. Coupe le fil.

3 Prends les deux brins de l'étape 1 et passe-les entre tes doigts, de chaque côté du fil enroulé. Attache-les sans serrer, en faisant une double boucle, tel qu'illustré.

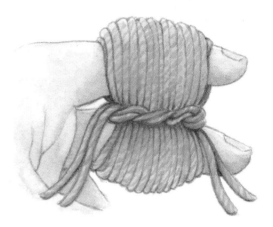

4 Retire doucement tes doigts. Fais un triple nœud solide au centre du paquet de fil. Coupe toutes les boucles de fil, mais ne coupe pas le long fil qui les retient. Plus tu coupes ton pompon, plus il sera petit et dense. Frotte le pompon sur le rebord d'une table pour l'ébouriffer.

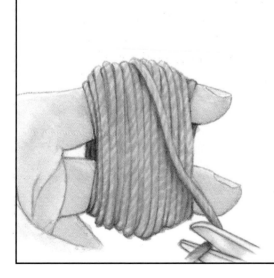

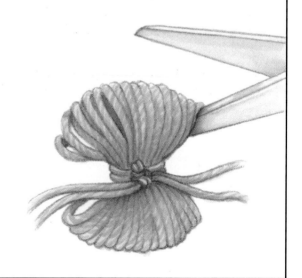

Glands

1 Enroule le fil autour d'un livre ou d'un bout de carton de 10 cm de large. Pour un gros fil, enroule-le environ 20 fois. Pour un petit fil, enroule-le environ 40 fois. Coupe le fil.

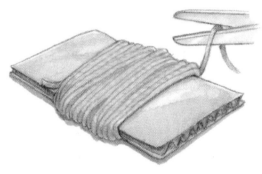

2 Coupe un brin d'une longueur d'environ 75 cm et plie-le en deux. Glisse-le sous les fils d'un côté du livre ou du carton, et attache-le solidement sur le dessus. Laisse la boucle, formée par le long brin, pendre avec le reste du gland; garde les deux autres extrémités libres.

3 Retire les fils du livre ou du carton. Coupe un autre brin d'environ 75 cm de long et plie-le en deux. Noue-le autour des brins à environ 2,5 cm sous le nœud. Laisse la boucle, formée par le long brin, pendre avec le reste du gland.

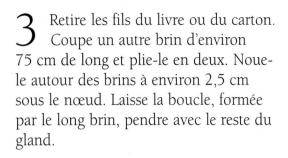

4 Coupe toutes les boucles et égalise les brins.

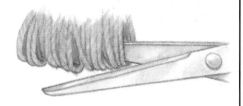

5 Pour fixer ton gland à ton tricot, utilise les deux bouts de fil du dessus. Fais-les passer à travers les mailles de ton tricot et fais un triple nœud pour qu'ils tiennent en place, ou encore, enfiles-y ton aiguille à laine et couds le gland en place.

Boa

La plupart des modèles de tricot qu'on trouve sur le marché utilisent des indications abrégées. Jette un coup d'œil aux abréviations ci-contre et déchiffre les indications abrégées de ce modèle pour te tricoter un amusant boa tout léger.
Plus il est long, plus les bords roulent joliment. Tu peux y ajouter une frange, si tu le désires.

Avec des aiguilles de 8 ou 9 mm et une pelote de 50 g de fil chenillé de fantaisie, monter 16 m. Continuer en jers end jusqu'à ce que le boa ait 1 m de long. Rabattre les m. et faire la finition.

ABRÉVIATIONS

Voici quelques abréviations des termes utilisés dans ce livre.

aug	augmentation
chq	chaque (chacune)
com	commencement (ou commencer)
dim	diminution
ens	ensemble
env	tricoter à l'envers
jers end	point de jersey endroit
m	mètre
m.	maille
mm	millimètres
rg	rang
tr	tricoter
tr ens end	tricoter 2 mailles ensemble à l'endroit
tr ens env	tricoter 2 mailles ensemble à l'envers

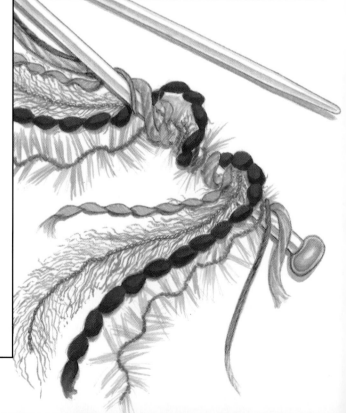